Johann Friedrich Helvetius

Xistus herbarum lustiger Spatzierweg der Kräuter

XISTUS HERBARUM,

Lustiger Spatzierweg der

Kräuter.

Worinnen wird verhandelt / wie die Gewächse durch ihre Zeichen / mit deß Menschen inner- und eusserlichen Leibestheilen eine vergleichung haben / und zu deroselben Gebrechen mit Nutzen können gebrauchet werden.

Eccles. 2. v. 10.

Mein Hertz war erfrewet von aller meiner Arbeit / und daß hielt ich für mein theil von aller meiner Arbeit.

Durch
JOHANNEM FRIDERICUM HELVETIUM,
Phil. & Med. D.

Getruckt zu Heydelberg /
Durch Samuel Broun / der hohen Schul Buchtrucker daselbsten / Im Jahr Christi 1661.

Johann Friedrich Helvetius

Xistus herbarum lustiger Spatzierweg der Kräuter

ISBN/EAN: 9783744672825

Hergestellt in Europa, USA, Kanada, Australien, Japan

Cover: Foto ©Thomas Meinert / pixelio.de

Weitere Bücher finden Sie auf **www.hansebooks.com**

Günstiger Leser meines Wercks.

PAracelsus, der waren Magiæ Doctor, sagt nicht unrecht/ wer seine kunst auß dem signo signato nicht hat/der ist nicht werth/daß er ein Medicus sol genandt werden/ rc. Ist derowegen mein bittliches ersuchen an den günstigen Leser/er wolle diese meine freygebige mühsame Gedancken/ eben so willig / als ichs umb nichts dargebe/auch also annehmen. Und dieses folget eygentlich auf meine zwey vorhergehende Theil/ als von dem Gebrechen / und von der Physiognomiâ, darinnen eines jeden Menschen eigene Natur/und dessen erforderte Artzeneyen sind angewisen worden: Also wird auch hier in diesem Theil / eines jeden Menschen Leibes-gliedt seine absonderliche Artzeneyen zugeschrieben. So es dan nun dem Liebhaber beliebet/ kan er solche Ordnung halten/

gleich wie in jenen ein Saturnischer Mensch und andere dergleichen / ꝛc. ihre eygene Gewächse / ꝛc. und alhier nach den bezeichnungen der Glieder / auch Saturnische Gewächse suchen und gebrauchen. Hoffe also / hier / meiner vorigen verheissung und zusage / von vermehrung und verbesserung der Signaturen, ein genügen zuthun. Wofern sich aber hierbey noch etwas mangel erfinden würde / wolle sich niemand darob verwundern / dan der Platzregen thut mehr schaden als nutzen: und der nicht damit zufrieden / kan seine fünf Sinnen selbst anspannen / umb auß zufinden das / was noch verborgen: oder erwarten / biß dieses Werck von mir / oder von einem anderen klügern und scharfferen Nachforscher dermaleins verbessert wird / sintemahl daß gantze Geschöpf aufwartet / umb der Weißheit zu dienen.

Cap.

NIcht von geringerer Nothwendigkeit ist die rechte wahre Erkantnus der Artzeney / oder deß heilsamen Mittels/als deß Gebrechens / oder der Vngesundtheit selbsten ; dieweil diese Erkantnus allein der Heylung rechte Cron und zierath ist. Dan in dem Menschen befinden sich nicht allein sehr viele unzehlbare Gebrechen / sondern auch in den geringeren Creaturen unzehlig viele Hülff-Mittel / welche GOtt der Schöpfer durch einen sonderbaren bezeichneten Eindruck in den eusersten theilen der Creaturen für dem Dürftigen kundt-und offenbahr gemachet hat. Deßwegen nicht allein ein Naturalist/ sondern vielmehr ein Medicus schuldig ist / alle Creaturen als Lutzernen / und die darinn verborgene Eygenschaften als Liechter anzusehen/ und durch solche/ die verlorne Gesundheit wieder zu suchen ; Gewiß/ der weise Hermes Trismegistus, ob er schon ein Heyde gewesen / hat gleichwohl so gar groß ungleich nicht/ wan er saget : GOtt scheinet allenthalben/und durch alle Creaturen/hat auch deßwegen alle Dinge zu seiner Erkantnus geschaffen: dan es wird in der Welt nichts gefunden / darinnen nicht ein füncklein der Göttlichen kraft seye zu verspil-

 ren/rc.

ren/ꝛc. Als verhoffe auch nicht unrecht zuhaben/wan ich hier auß den eusserlichen Zeichen/formen/ gestalt/ und farben der Gewächse per Magiam, von derselben bezeichnetem kräftigem wirckendem Wesen zum nutzen Menschlicher genesung / urtheile. So jemand hiervon recht urtheilet / wird er befinden / das diese verborgene Fädem von der Natur/und nicht von der Kunst gesponnen/ dan so es nur ein künstliches Sinnen-gewebe/hette es kein volkommenes Meisterstück werden können: dan die sichtbare eusserliche Zeichen der Dinge / sein nur Bilder deß unsichtbaren innerlichen Wesens; worauß wir leicht verstehen/daß nicht das Zeichen / sondern das bezeichnete Wesen ist/ das Gott zu seinem genesenden Dienste gebrauchen wil/ nach erforderung deß Gebrechens. Und fürwar/in dieser natürlichen Wissenschaft / ist deß natürlichen Menschen verstandt und gute Erkandtnüs/ Endt- und grundtloß/ auch viel zu ohnmächtig/ die Allweise verordnung deß grossen wunderbaren Schöpffers derselben/und auch deren Regierung/durch ihre hierzu bequeme eingeschaffene Eygenschaften zubegreiffen/sondern müssen zu frieden sein / mit deß Schöpffers Eindruck nach dem Fall / mit der außwirckung am ende deß Wercks / zu welchem es durch die eusserliche Zeichen verordnet. Dan das eusserliche Zeichen / und das innerlich Bezeichnete/ ist nur ein solch zusammen-gebrachtes / daß durch das absterben der Natur / und durch zuthun der Kunst/gar bald durch eine kleine zerstörung wieder kan gescheyden werden; sonderlich nach erforderung der Medicinischen kunst/ umb den Krancken zu genesen / weil jede Creatur nicht

nicht mehr ist/ als bloß eine zusammenbringung/ und nur eine kurtze zeit-wehrende gemischete verbindung deß einen mit dem anderen/ deß sichtbaren mit dem unsichtbaren / als deß Menschen Leib und Seel/ rc. Und ohne dieses mittel wehre Nichts sichtbares worden in der Natur. Auch hat dieses der Ruhe oder der unbewegligkeit ihren ersten Anfang gemacht / wie in wieder-zerbrechung deß gantzen Geschöpffes offenbahrlich zuersehen.

Cap. II.

ICH kan für dem Zutrit zu meinem Absehen gleichwohl nicht so stille vorbey gehen / weilen hier von der Natur einer jeden besonderen Creatur/ nach ihrem inner- und eusserlichem unterscheidt geredet wird / was dan eygentlich Natur seye / oder ob es etwas mehr dan selbsten Natürlich sein kan. Es wird hiervon nicht allein vielfältig gestritten/ sondern auch gantze Bücher darvon beschrieben sind. Jedoch/ wan ich von einem jedem Dinge absonderlich rede/ so kan ich erstlich nicht ein Allgemeines verstehen / sondern das die Natur etwas eingeschaffenes in diesem oder jenem gewürcket / umb sich also nach seinem besonderen eingedrucktem befehl Gottes zu erregen/ vermehren/ und nach Erkantnüs seiner Arth/ sich auch zu ernehren/ umb zu bleiben das es ist / ob es deß Menschen nothtürfftigkeit erforderte zu einem behülf und geneßmittel/ und als in diesem Regno vegetabilium, also auch Animalium und Mineralium, solch-wohlordnunge/

minge/und fürsehung Gottes zufinden. Ist derowegen ein unnötiger streit / ob GOtt die Natur eines Dinges / oder ob es etwas Göttliches / ja Sonn/ Mond und andere Sternen / oder davon man eygentlich nicht kan sagen/ was es ist: dan es ist genug/ daß der Creaturen Schöpffer bekandt ist / und daß die Natur ohne dieses/oder jenes dinges Natur/oder innerliches Wesen keine Natur kan genennet werden. Dan es wehre mehr als Heydnisch zuschätzen unter den Christen / etwas frembdes zusuchen / in dem herkommen aller natürlichen Dinge / da doch alles auß Nichts zu Etwas erschaffen / durch die / alles allein vermögende heilige Dreyfaltigkeit. Und dieses haben die Heyden / auß mangel der erkantnüs Gottes/die Natur genandt / und zu aller Creaturen herkommen/haben sie die erste Materiam auß den vier Elementen genommen / wovon die heilige Schrift gantz nichts vermeldet /unangesehen / daß sie zeuget/ Adam sey von der Erden gemacht / sonsten wehre der übrigen dreyen auch nicht vergessen worden, Ingleichen wollen sie / die Schöpffung sey ewig und unaufhörlich / da doch in sechs Tagen Himmel und Erden/ sampt allem was darinnen / verfertiget / nach welchem Gott geruhet hat von allen seinen Wercken. Dan alles war so guth/ daß sich nach dem befehl Gottes / jede Creatur nach ihrer eygenen arth konte vermehren und fort-pflantzen/ durch einen besonderen/ wolgeordneten Eindruck / wodurch dan Gott nach seiner schöpffenden Ruhe / alles hat gebracht/ worzu Er gewolt und noch immer wil / also / daß durch einen dergleichen Eindruck in Substantz bringet die

Erde/

Erde / das Wasser / die Lufft / den Himmel / und was von ihrer Schöpffung an eingeschaffenen / auch nach jedes eigener arth zugleich mit eingedrucktem Saamen fortzupflantzen. Und also wurden die unsichtbaren Creaturen für den Augen der Menschen sichtbar und gebräuchlich / jedes nach seiner darzu bezeichneten arth (als verhandelt werden sol) welche unterscheydung der Creatur von Creatur / ob sie guth oder böse / in uns nicht / als in Adam vor dem Fall / ehe er daß Bildt der erkäntnus verlohren / durch welches er bequemlich allen Dingen / nach ihrer arth / den Nahmen gab; Wir müssen unter dessen uns lassen vergnügen / mit der Salomonischen Weißheit und Erkantnus / auß den Zeichen das bezeichnete zuerkennen / so anders die Wunden der ungesundtheit von dem Fluche / durch mittel der wiederbringung sollen geheilet und gebessert werden. Von welcher geschöpffes-arth / GOtt durch seinen einmahl gegebenen befehl / zu seiner zeit / gantze Heerläger herauß führet / Nicht auß Nichts / ob es gleich ist durch Nichts / ja alles allein als Himmel und Erden / hat er fortgebracht auß dem abgrund deß Nichts / umb sich außzubreiten und zu vermehren nach seiner arth / oben und unten / und alle Aercke der Welt mit wimmelenden Creaturen zuvermehren und zu erfüllen. Und dieses alles wird nur durch Magiam von den Sinn-reichen Menschen verstanden / dan allezeit wird das Innerste durch das Eusserliche / und daß Eusserste durch daß Innerliche außgedruckt: Die Tugend aber eines Dinges / so allein auß einer kräfftigen that wird erkandt / offenbahret sich erstlich am Ende deß

Wercks / wessen wesens und herkommen es ist: darumb dan billich diese edele Kunst auß dem signo signato, etwas zuerkennen in mehrerm werth vnd würde solte gehalten werden.

Cap. III.

Es hat aber die Kunst der Magiæ nach jhrer eigenen arth ihre bekante Zeichen/umb jhr innerliches dardurch zuerkennen; nemblich / einen gesunden reiffen Verstand/ durch welchem allezeit die vorhergesetzte Reden am Ende mit den gewiß-erfolgenden Effecten gekrönet werden. Ohne dasselbe / solte es keinem Esel mit grossen Säcken und Kästen blosser meinung beladen / mühesam, oder beschwerlich fallen / daß Olympische Gebürge der Weißheit zuersteigen / die doch also nicht ohne gefahr Hals und Bein zu brechen dahin gelangen können. Es solten auch solche vieläugige Pfauen mit wächsenen Icari-Flügeln sich mit ihrem Straus-vogelhaften gedächtnus / nicht wohl an die Sonne der natürlichen erkantnuß aller Dinge schwingen / sie wolten dan im Meer der Vnwissenheit und Eselsdumheit ertrincken: doch sol es ihme also mißlücken. Deßwegen/so lasse sich ein jedtweder Medicus die edle Physiognomiam mehr angelegen sein / dan den faulen Gewin seines Küchen-gelts / mit dem verkehrten gebrauch der Artzeney: fürnemblich / wan er gedencket / das auch die stummen / und dummen wilde Thiere selbsten

sten wohl wissen ihrer Gebrechens Hülf-mittel zugebrauchen / die doch weder in Paracelso noch Galeno studiret / Pedanum oder Mathiolum nicht gelesen / noch Urin sehen oder Puls fühlen / von einiger Academien erschnapt; und wir vernünfftige Menschen / sehen gleichwol alle nahe-liegende Dinge von fernen an / als liegende grüne Berge mit einer blauen farbe. Kürtzlich davon zu reden / meine meinung ist anders nicht / dan falsche Meinungen auff zuheben / das man nur sehen sol / wie alle unsichtbare-wesentliche-wirckēde Dinge / mit einem sichtbaren-leiblichen-leydenden Zeichen und gestalt der zerbrechlichen Naturs-arth vereiniget sein / und dieses Etwas / bloß auß Nichts: deßwegen auß dergleichen Schlüssel der gesundtheit durch anweisen der signatur an jedem Geschöpffe sehr nötig / nicht allein zu einer gemeinen Artzeney / sondern vielmehr zu jedem besondern theill deß Leibes / oder dessen eigenen Gliedes-gebrechen: und wie der Mensch viele Glieder an seinem Leib / also hat auch jedes Glied seine besondere Plage; worzu dan die von Gott in der Natur darzu verordnete Hülffs-mittel folgen sollen. Als

CAP. I.

NAchfolgende Kugel-runde Kräuter und Blumen/zeigen die gleichheit eines Hauptes / und derselben innerste Natur zeigt an/ daß gleich durch seines gleichen zu heylen und zu helffen / beydes an inner- und eusserlichem Haupts-Gebrechen / Als:

Herba Absinthii rustici,	Bauren Wermuth.
Absinthii Roman.	Römisch Wermuth.
Absinthii Marini,	See Wermuth.
Acanti,	Distel.
Acatiæ flor.	Schleenblüth.
Affricani flos.	Indianische Negel.
Agrimoniæ,	Odermenig.
Alceæ Venet.	Venedisch Hasenpappel.
Ambrosiæ,	Ambrosien.
Anagallis.	Gauchheil.
Anthirranon.	Kalbsnaß.
Anacardiæ fruct.	Anacardien.
Arnicæ flos.	Wulffeley.
Artischockæ,	Artischock.
Asphodeli,	Goldtwurtzel.
Asphodeli lutei,	gelb Goldtwurtzel.
Asphodeli Palust.	Wasser Goldwurtzel.

Herba

Herba Atriplicis.	Milten.
Baccarum juniperi,	Wacholder Beer.
Brassicæ variæ spec.	vielerley Kohl.
Bulbi esculenti,	Persische Lilien.
Cannabis,	Hanff.
Calamenthi,	Müntze.
Caparum,	Zwiebelen.
Centaurii majoris,	groß tausendt gülden-krauth.
Chamæpitys,	Feldtcypreß.
Geraniorum spec. variæ,	vielerley Storcken-schnabel.
Cichorii fœtidi,	stinckend Wegwarth.
Croci sylvestris,	wildt Saffran.
Cruciatæ magnæ,	groß Kreutzwurtz.
Cucurbitæ,	Kurbis.
Cucumeris,	Gurcken. Cucummer.
Cyani,	Kornblumen.
Endiviæ,	Endivien.
Ephemeri,	wilde Lilien.
Fungorum rosar,	Rosen schwämme.
Gladioli Germanici	Braun schwertel.
Hemerocallis,	Lilien von einem tag.
Heliotropii min.	klein Krebs-krauth.
Hederæ terrest.	Gundel Reben.
Hyssopi flos,	Blum von Isopp.
Hyacynthi spec. var.	Hyacinten.

Herba

Herba Imperialis,	Kaysers kronen.
Iridis flores sp. var.	allerhand Schwertel-blumen.
Iuglandium fruct.	grosse Nüß.
Iunci,	Pintzen.
Iuncei porri,	Bißlauch.
Lavendulæ flos,	Lavendel.
Lini sem.	Leinsamen.
Liliorum alborum,	Weiß Lilien.
Liliorum purpur.	Purpur Lilien.
Liliorum conval.	Meyblümlein.
Lupuli,	Hopffen.
Majoranæ,	Majoran.
Melonum fruct.	Melonen.
Milii indici,	Indische Hirschen. Welschkorn.
Narcissi,	Narcissen.
Nepetæ;	Katzen-Müntze.
Nigellæ,	schwartz-Kümmel.
Nucum Moschat,	Moschaten Nüß.
Nympheæ,	Seeblumen.
Ononidis,	Hauhechel.
Ophrios,	Zweyblat.
Origani,	Wolgemuth.
Ornithogali lutei,	Feldtzwiebel.
Papaveris capit.	Magsahm.
Papaveris errat,	Klapper Rosen.

Herba

Herba Peponum,	Pfeben.
Pœoniæ flos.	Peonien Rosen.
Pimpinellæ,	Pimpinel.
Pulegii,	Poley.
Pyrolæ flos.	Winter Mangolt.
Rosarum flos.	Rosen.
Rorismarini flos.	Rosmarein.
Rutæ montanæ,	Bergraute.
Saniculæ,	Sanickel.
Salviæ flos,	Salbey Blume.
Scabiosæ,	Pestem kraut.
Scarleæ flos,	Scharlach Blum.
Serratulæ,	Schartenkrauth.
Serpilli,	Wilder Quendel.
Sigilli Salam.	weiß Wurtz.
Stæchad. arab.	Arabisch Rheinblumē
Stæchad citr.	gelb Rheinblumen.
Spicæ celticæ flos.	Maria Magdalena-blum.
Tanaceti flos.	Rheinfahren.
Thymi flos.	Thymian.
Trifolii flos.	dreyblatich Klee.
Triorchis odorat.	wolrichendt Knaben-kraut.
Tulipanorum spec.	vielerley Tulipanen.
Verbasci flos.	Wolkrauthblum.
Violarum,	Blaue Violen.

Cap. II.

Folgende Kräuter und Wurtzeln/ bezeichnen daß Haupt-Haar.

Herba Abrotani,	Stabwurtz.
Adianti nigr.	schwartz Frauenhaar.
Altheæ rad.	Eybisch wurtzel.
Anethi,	Dillen.
Auemonæ,	Anemonerosen.
Asparagi,	Spargen.
Asphodeli,	Goltwurtzel.
Barbæ Caprinæ rad.	Bocksbarth wurtzel.
Bardanæ rad.	Kletten wurtzel.
Capilli veneris,	Frawenhaar.
Cicutæ,	Schirling.
Corallinæ,	Corallen mooß.
Coronæ imperial,	Keysers krohn.
Coriandri,	Coriander.
Cuscutæ,	Flachs dotter.
Diptamni cret.	Cretisch Diptam.
Fæniculi,	Fenchel.
Imperatoriæ rad.	Meister wurtzel.
Iridis nostrat. rad.	blau Schwertel wurtzel.
Lappati acuti rad.	Grindt wurtzel.
Liquiritiæ radix,	Süßholtz.
Musci terrest,	Erd mooß.

Herba

Musci arbor.	Baum mooß.
Musci Marini,	See mooß.
Musci marini max. tertii,	daß dritte gröste See-mooß.
Nigellæ,	schwartzer Kümmel.
Polytrichi aurei,	gülden Wiedertodt.
Pulsatillæ,	Küchen schell.
Rutæ murariæ,	Mauer rauthe.
Sagittalis minor.	klein Pfeilkrauth.
Sophiæ Chyrurgor.	Sophienkraut. Well-samen.
Spicæ Indicæ,	Jndianisch spick.
Spicæ romanæ,	Römisch spick.
Stæchadis citrin.	Rheinblumen.
Tribuli aq.	Wasser Nüß.
Valerianæ,	Baldrian.
Verbasci variæ sp.	Wülkrauth.
Victorialis,	Allermans Harnisch.
Violæ aq.	Wasser Viol.
Vitis vinif. Cortex.	Weinstocks Rinden.

Cap. III.

Nachfolgende Kräuter und Blumen/ bezeichnen die Augen.

Herba Acatiæ flos.	Schleenblüth.
Anserinæ,	Genserich.
Anemonæ flos.	Anemone Rosen.
Aquilegiæ,	Ackeley.
Bellis flos.	Maßlieben.
Borraginis flos.	Borragen blum.
Buglossæ flos.	Ochsenzungen Bl.
Buphthalmi flos.	Rindsaugen.
Calendulæ flos.	Goldtblum.
Cerasorum flos.	Kirschenblüth.
Chamomillæ rom.	Römisch Camillen.
Chelidonii major.	Groß Schelkraut.
Cichorii,	Wegwarthen.
Consolidæ regal. fl.	Rittersporen.
Croci sylvestr.	Wildt Saffran.
Cyclaminis orbicul.	Schweinbrodt.
Cyclaminis rotund. folio.	Schweinbrodt mit runden Blättern.
Cyani flos.	Kornblum.
Cynoglossæ,	Hundszungen.
Ebuli flos.	Attichblüth.
Euphrasiæ,	Augentrost.

Herba

Herba Fabarum flos.	Bonenblüth.
Fæniculi,	Fenchel.
Filipendulæ,	Steinbrech.
Hieracii,	Habichts krauth.
Hyacinthi,	Hyacinthen.
Impatientiæ,	Vngedult.
Ireos,	Schwertel.
Liliorum albor. flos.	weisse Lilien.
Linariæ vulgaris,	Harnkrauth.
Linariæ Panonicæ fl.	Vngerisch Leinkraut.
Lupini flos.	Feigbonen.
Malvæ flos.	Hasenpappel.
Matri sylv. flos.	Waldtmeister.
Narcissi flos.	Narcissen.
Narcissi flav.	gelb Narciß.
Nasturtii Indici.	Indianisch Kreß.
Nigellæ,	schwartz Kümmel.
Nummulariæ,	Pfennigkraut.
Nympheæ alb. flos.	weisse Seeblum.
Nympheæ citr. flos.	gelb Seeblum.
Ononidis fl.	Hauhechel.
Orobi fl.	Wicken.
Paris.	Einbeer.
Papaveris errat.	Klapper rosen.
Papaveris vulgar.	gemein Magsamen.
Persicariæ,	Flöhekraut / Wasserpfeffer.

Herba Persici flos.	Pfersigblüth.
Primulæ veris fl.	Schlüsselblumen.
Ranunculi,	Hanefuß.
Rosarum,	Rosen.
Rosarum sylv.	Wildtrosen.
Rosarum Moschat.	Bisamrosen.
Roris solis.	Sonnenthau.
Rutæ flos.	Weinrauthe.
Sambuci flos.	Hollunder blum.
Semper vivi flos.	Haußlauch blumen.
Sigilli Salomonis,	Weißwurtz.
Solani,	Nachtschatten.
Stellariæ,	Sternkraut.
Tiliæ flos.	Lindenblüth.
Testiculi vulpini,	Fliegenblumen.
Trifolii pratens.	Wiesenklee.
Trifolii odorati,	Siebengezeit.
Trinitatis flos.	Freysamkrauth.
Tulipanorum,	Tulipanen.
Tunicæ,	Negelblumen.
Verbenæ flos.	Eyserhardt.
Violæ,	Blau Violen.
Ulmariæ,	Rüstenbaum.

CAP.

Diese nachfolgende Kräuter haben die Zeichen der Ohren.

Herba Aconiti pardalianchis.	Groß Wolfs kraut.
Aristolochiæ rotund.	Rundt Osterluccey.
Asari,	Haselwurtz.
Auriculæ ursi,	Beer Ohr.
Auriculæ Muris,	Mauß Ohr.
Brassicæ marin.	Meer kohl.
Caltæ palustris,	Dotterblum.
Chelidonii minor.	Feigwartzenkraut.
Cochleariæ,	Löffelkraut.
Cyclaminis,	Schweinbrodt.
Fabæ Ægyptic.	Egyptische Bohnen.
Hæderæ terrest.	Gundelreben.
Hyppiæ majoris.	Groß Maußohr.
Lagopi,	Hasen Pfötlein.
Majoranæ,	Majoran.
Molluginis,	Groß Stern/Megerkraut.
Nasturtii ind.	Indianisch kreß.
Origani,	Wolgemuth.
Portulacæ,	Purtzel.
Poligoni mar.	Wegdritt.

Herba Philanthropi,	Klebkraut.
Rubiæ tinctorum,	Ferber röth.
Rubiæ tinct. marin.	See Ferber röth.
Scorpioidis,	Scorpionkraut.
Serpylli,	Quendel.
Trifolii cochleati.	Schneckenkraut.
Thymi,	Thymian.
Urticæ mort. alteræ,	stinckende Taubenessel
Violariæ;	Violen bläter.
Unifolii,	Einbladt.

Cap. V.

Folgende Kräuter haben das Zeichen der inwendigen Theilen deß Halses/der Zungen/und deß Zäpflein.

Herba Acetosæ,	Saucrampfer.
Acetosæ rom.	Römische Saucrampfer.
Acetosæ Hispanicæ,	Spannisch Sauerampfer.
Alyssi Dioscor.	Malrüben.
Arctionis,	Beerenkraut.
Arisari,	Arissenkraut.
Asteris attici august. fol.	schmal blätig Sternkraut.
Atriplicis fætidæ,	stinckend Milde.

Herba

Herba Beccabungæ.	Bachbungen.
Bellis,	Maßlieben.
Bifolii,	Zweyblat.
Bistortæ,	Naterwurtz.
Brassicæ marinæ,	Meerkohl.
Buglossæ,	Ochsenzunge.
Calendulæ,	Ringelblum.
Campanulæ,	Klocken.
Cervicariæ,	Halskraut.
Ceterach.	Cetrach. Miltzkraut.
Chelidonii minor.	Feigwartzen kraut.
Cochleariæ,	Löffelkraut.
Cucumeris,	Gurcken/Cucumern.
Cucumeris asini,	Esels Cucummern.
Cynoglossæ,	Hundszunge.
Enophylli,	Zungen kraut.
Gratiolæ,	Wasser-Isop.
Glycyrrhicæ,	Süßholtz.
Chrysantemi lat. fol.	schmal blättig Ganseblum.
Hemionitis peregr.	frembd Hemionith.
Hæderæ arboreæ,	Ephey.
Hormini,	wild Scharlach.
Hypoglossi valentin,	Zungenblat.
Lactariæ Solsequiæ,	Sonnendrehent-Wolfsmilch.
Lauri Alexandr.	Lorber blätter.

Herba Lenticulæ mar. serratis foliis,	Meer-Linsen mit gekerften blättern.
Linguæ Avis,	Samẽ von Eschholtz.
Linguæ Cervin.	Hirschzunge.
Lychnis Christi,	Christaugen.
Lysimachiæ,	Wenderich.
Melonum,	Melonen.
Morsus Diaboli,	Teuffels abbis.
Nympheæ,	Seeblumen.
Nummulariæ,	Pfennigkraut.
Oxalis.	wildt Sauerampfer.
Ophioglossi,	Natter zungen.
Origani,	Wolgemuth.
Parietariæ,	Tag und Nacht. S. Peters kraut.
Periplocæ prior.	Erste Periplock.
Phyllitis laciniatæ,	geschnittẽ Hirschzung.
Phyllonis,	Phyllonkraut.
Plantaginis,	Wegerich.
Plantaginis acul.	spitzig Wegerich.
Plantagin. aq.	Wasser Wegerich.
Poligani ramosi,	Dornich Wegedritt.
Poligonati angusti fol.	Weißwurtzel mit schmalen blättern.
Portulacæ,	Purtzel.
Portulacæ sylv.	wild Purtzel.
Prunellæ,	Braunellen.

Pseu-

Pſeudo Lyſimachiæ,	wildt Wenderich.
Pyrolæ,	Wintergrün.
Ranæ Morſus,	Froſchbieß.
Rapunculi Alopecuri,	Rapuntzel mit Fuchsſchwantz.
Roriſmarini,	Roßmarein.
Roſæ rad.	Roſenwurtz.
Rutæ,	Rauten.
Rutæ Capr.	Geißraute.
Salviæ hort.	Garten ſalbey.
Saponariæ,	Seyffenkraut.
Scolopendriæ,	Hirſchzung.
Sedi Major. arbor.	Baum Haußlauch.
Sedi dracunculi,	Drachenwurtz.
Serpentariæ major.	Schlangenwurtzel.
Serpentariæ minor.	klein ſchlangenwurtzel
Sileris montani,	Bergſiler.
Sigilli Salamonis,	Weiß wurtzel.
Stæchadis arab.	Arabiſch Stichas oder Rheinblume.
Telephii ſemper vivi,	ſtäts grünendt Hertzwang.
Terræ glandis,	Erdtnüß.
Verbaſci ſylv.	wild Wülkraut.
Vincæ per vincæ,	Wintergrün.
Viſci quercini,	Eichen miſpel.
Vitis viniferæ,	Weinblätter.

Herba Volubilis maj. Groß winde.
Volubilis minor, Klein winde.
Volubilis nigræ, Schwartze winde.
Urticæ mortuæ, Taube Nessel.
Uvulariæ, Zapffenkraut.

Cap. VI.

Nachfolgende Kräuter und Wurtzeln haben das Zeichen der Zähnen.

Herba Abietis folia, Thannen blätter.
Balaustiar flos. Granatenblüth.
Cervicariæ major fl. Halskraut blum.
Chelidonii min. rad. Feigwartzenkraut.
Carthami gran. wild Saffran samen.
Citri gran. Citronen körner.
Colocynthidis gran. Coloquinten körner.
Dentariæ, Zahnkraut.
Dentariæ major, Margenträhnen.
Dentis leonis, Löwenzahn.
Doronici rad. Gemsenwurtzel.
Floris solis sem. Sonnenblum sahme.
Granatorum sem. Granatenkörner.
Hyosciami saccul. Bilsensahm seckel.
Iuniperi fol. Wacholderspitzen.
Limonii. Limonienkraut.
Rosarum oculi, Rosenknöpf.

Herba

Herba Sedi majoris,	groß Haußwurtz.
Sedi minoris,	klein Haußwurtz.
Sedi ſerrati,	gekerbt Nabelkraut.
Solani ſomnif. ſac.	Schlafskraut ſeckel.
Siliquarum dulc.	Johannsbrodt.
Tamarindorum,	Tamarinden.
Tamariſci folia,	Tamariſcen.
Valerianæ rubr.	Roter Baldrian.
Vermicularis,	Katzentreublein.
Violæ Dentariæ,	Zähnkraut.
Violæ marinæ,	Meer viol.

Cap. VII.

Dieſe nachfolgende Kräuter / Blumen / und Wurtzeln bezeichnen das Hertz.

Herba Acetoſella,	Hertzklch.
Alliariæ,	Knoblauchskraut.
Anacardi,	Vogelhertz. Elefantenleus.
Androſæmi,	Hertzklau.
Anthoræ rad.	Giftwurtzel.
Aquilegiæ,	Ackeley.
Ariſtolochiæ clemat.	ſteigendt Oſterlutzey.
Ariſtolochiæ longæ,	lange Oſterlutzey.
Ariſtolochiæ rotund.	runde Oſterlutzey.
Ariſtolochiæ ſaracenicæ,	heylendt Oſterlutzey.

Herba

Herba Bardanæ,	Kletten.
Betonicæ,	Betonien.
Borragin. semper virent.	Allzeit blühendt Ochsenzung.
Borraginis flos.	Borragenblum.
Buglossæ flos.	Ochsenzungen blum.
Bursæ pastoris sem.	Teschelkrautsamen.
Calamentæ mont.	Bergmüntze.
Calendulæ flos.	Ringelblumen.
Centaurii minor flos.	Tausentgüldenkrautblumen.
Cheyri flos.	Gelb violen,
Cichorii flos.	Wegwarten blum.
Citri malus,	Citron Apffel.
Cardiacæ,	Hertzgespan.
Croci flos,	Saffranblum.
Cyani flos,	Kornblum.
Cyclaminis orbicul.	rund Schweinbrodt.
Cyclaminis orbicul. rotund.	rund Schweinbrodt mit runden blättern.
Cydoniorum mal.	Quitten äpffel.
Dracunculi aq.	Wasser schlangenkraut.
Fragariæ,	Erdtbeer kraut.
Fragæ,	Erdtbeer.
Graminis Parnassi,	Graß von Parnaß.
Granatorum flos.	Granatenblum.

Herba

Herba Granat.mal.	Granatenäpffel.
Hepat. flore cærul.	Blau Leberkraut.
Iaſmini flos.	Jaſminblum.
Incenſariæ,	
Lavendulæ flos.	Lavendelblum.
Loti Ægyptii,	Egyptiſch kleh.
Marrhubii nigri,	ſchwartze Andorn.
Mechoacannæ,	Mechocan.
Meliſſæ,	Meliſſen. Mutterkr.
Menthæ cardiacæ,	Hertzmüntze. Hertzgeſpan.
Moluceæ levis,	glatt Moluc.
Moluceæ ſpinoſ.	ſtachelhaft Moluc.
Myrobalanor. fruct.	Myrobalanen.
Nardi montani rad.	Berg Nardenwurtz.
Perforatæ,	Durchwachs.
Pæoniæ flos.	Peonienroſen.
Piſtolochiæ,	Piſtolochienkraut.
Pſeudo ſtachys,	falſch Andorn.
Pulmonariæ macul.	Fleckig Lungenkraut.
Radicis cavæ minor.	klein Holwurtzel.
Rutæ flos.	Rautenblum.
Roſarum rubr.	rohte Roſen.
Roſarum Pallidar.	weiſſe Roſen.
Roſarum Moſchat.	Muſcaten Roſen.
Sedi ſemper florent.	Ewig lebend kraut
Signariæ,	Schceldtkraut.

Herba

Herba Trifolii flos sylvestris flav.	wild Klcheblum.
Trinitatis flos.	Dreyfaltigkeit blum.
Tunicæ flos.	Negelblum.
Violæ flos.	Blauviol.
Violariæ,	Violenblätter.
Volubilis.	Winden.
Urticæ urentis,	Brennessel.
Unifolii,	Einblat.

Cap. VIII.

Folgende Kräuter / Stiele und Wurtzeln bezeichnen die Lunge / und derer Luftröhrlein.

Herba Acanti,	Wegdistels.
Alkakengi,	Judenkirschen.
Allii non Bulbosi,	Knobloch ohne haupt.
Amaranti,	Tausent schönen.
Angelicæ aq.	wasser Angelick.
Anisi,	Aniß.
Asperuginis spuriæ,	wild Spargen.
Atriplicis,	Milden.
Bardanæ,	Kletten.
Betæ albæ & rubræ,	weiß und roth Mangolt.
Betonicæ,	Betonien.

Herb.

Herb. Bliti maculati,	Papegeyen kraut.
Boni Henrici,	guten Henrich. Schmerbel.
Botrios,	Trauben blätter.
Brassicæ vulgar. sativæ,	gemein Kohl.
Rubræ Capitat.	roth haupter Kohl.
Crispæ,	krausser Kohl.
Selinoidis,	gehackt Kohl.
Brassicæ	wild Kohl.
Imperialis,	Cappis Kohl.
Sabaudæ,	Savoisch Kohl.
Cypriæ,	Blumen Kohl.
Nigræ,	schwartze Kohl.
Buphthalmi,	Rindsaugen.
Cardui benedicti,	Cardobenedicten.
Cucumeris,	Gurcken Cucumern.
Cuscutæ,	Flachs seyde.
Dipsaci sativi,	zahme Cartendistel.
Enulæ radic.	Alandwurtzel.
Equiseti major.	groß Schafthey.
minoris.	klein Schafthey.
Palustr. major.	groß Feldtschafthey.
sylvatici.	wild Schafthey.
Erysimi,	Hederich.
Ericæ,	Heyden.
Fœniculi,	Fenchel stiehl.

Herba

Herba Fumariæ,	Erdtrauch.
Gingidii,	Gingidienkraut.
Hepaticæ Indicæ,	Indianisch leberkraut
Hormini.	wildt Scharlach.
Hyssopi caules,	Hysopen stiehl.
Lactucæ crisp.	krausser Lattich.
Lappati aq.	wasser Lattich.
Lappati tuberosi,	knotten Lattich.
Leontopodii.	Leuwenzapp.
Liquiritiæ rad.	Süßholtz wurtzel.
Malvæ hortensis,	Garten Pappel.
Malvæ Crispæ,	krause Pappel.
Marrhubii,	Andorn.
Millefolii,	Tausentblat. Garben. Schaffripp.
Musci marin. virentis lati folii,	groß breit blattig Seemooß.
Nicotianæ,	Taback.
Patientiæ,	groß Sauerampfer.
Pilosellæ caules,	Mausöhrlein stiehl.
Piperis Indici,	Indianisch Pfeffer.
Primulæ veris,	Schlüsselblumen,
Pulmonar. quercin.	Eychen Lungenkraut.
Maculatæ,	Fleck Lungenkraut.
Gallorum,	Welsch Lungenkraut.
Angusti folii,	schmal blättig Lungenkraut.

Herba Rhabarbari,	Rhabarbar.
Monachorum,	Münch-Rhabarbar.
Raphani,	Rettich.
minoris,	klein Rettich.
Raparum,	Rüben.
Salviæ,	Salbey.
agrestis	wilde Salbey.
Sancti Petri,	S. Peters kraut.
Scarleæ,	Scharlach.
Scabiosæ,	Pestemkraut.
Serpentariæ maj.	groß Schlangenkraut
minoris.	klein Schlangenkraut
Sonchi asperi,	Saudistel.
Stæchadis serratæ,	Stechklee.
Symphiti,	Schwartzwurtz.
Tanaceti Leucanthemi.	weiß Rheinfahren.
Tussilaginis,	Hufflatich.
Valerianæ,	Baldrian.
Verbasci sylv. alter. spec.	wild Wolkraut.

Cap. XI.

Nachfolgende Kräuter und Wurtzeln bezeichnen die Leber.

Herba Alismatis,	wild Wegericht. Luciansfraut.
Aloes.	Aloe.

C *Herba*

Herb. Aloes Americæ	Americanisch Aloes.
Alsine repentis,	kriechend Hünerdarm.
Aronis Ægyptii,	Egyptisch Aron.
Asari,	Haselwurtz.
Becabungæ,	Bachbungen.
Bellis hortens.	Maßlieben.
Bellis sylv.	wilde Maßlieben.
Bistortæ,	Naterwurtzel.
Bliti majoris,	Meyer. Blutkraut.
minoris.	Papegeyenkraut.
rubentis major.	groß roht Papegeyēkr.
rubentis minor.	klein roht Papegeyēkr.
Brassicæ perfoliatæ sylv.	durchwachsendt wilde Kohl.
Brassicæ Capitatæ,	Haupterkohl.
Brassicæ Rusticæ,	Baurenkohl.
Cardui mariæ,	Frauendistel.
Caprifolii germanic.	Teutsche Specklilien.
Caprifolii Italici,	Italianische Specklil.
Capparis,	Kappern.
Carthami,	wild Saffran.
Centaurii minor.	Tausend güldenkraut.
Cichorii,	Wegwarten.
Cochleariæ,	Löffelblätter.
Consolidæ mediæ,	Güldengunsel.
Cotyledon. altr. spec.	ander Nabelkraut.
Drabæ siliquosæ rarioris.	Frembde Kresse mit Schoten.

Her-

Herba Dulcis amaræ,	Je lenger je lieber.
Endiviæ,	Endivien.
Epaticæ nobilis,	Edel Leberkraut.
Epaticæ aureæ,	gülden Leberkraut.
Epaticæ maculat.	Fleck Leberkraut.
Epimedii frutesc.	staudig Epimedien.
Epimedii virginiani.	Virginisch Epimedie.
Euphorbii,	Eufforbium.
Fabarum,	Bohnen.
Fragariæ,	Erdtbeerkraut.
Galegæ,	Geiß Raute.
Gentianæ,	Entzian.
Graminis parnass.	Parnassen Graß.
Hæderæ trifoliæ,	Dreyblattich Epheu.
Helleborinæ,	Waldt Nießwurtz.
Hellebori albi,	Weisse Nießwurtzel.
Hepaticæ aquat.	Wasser Leberkraut.
Hepaticæ lapideæ,	Stein Leberkraut.
Hepaticæ stellaris,	Stern Leberkraut.
Illecebræ,	Katzen Treublein.
Lactucæ,	Lattich.
Lampsanæ,	weiß wild Senff.
Lauri folia,	Lorbeerblätter.
Lilior convall.	Meyblumen.
Mari major.	groß Marum.
Mari minor.	klein Marum.
Mercurialis mas.	Mänlich Bingelkraut

Herb. Mercur. fæmina	Weiblich Bingelkr.
Nasturtii aq.	Wasser Kreß.
Noli metangere,	Kraut rühr mich nicht
Nympheæ alb.	Weiß Seeblum.
Nympheæ flavæ,	Gelb Seeblum.
Oxylappati,	Grindtwurtzel.
Plantaginis aq.	Wasser wegericht.
Ranunculi hortens.	Garten Hanefus.
Raphani rustican.	Merrettich.
Saniculæ alpinæ,	Berg sanickel.
Scortzoneræ,	Schlangen mordt.
Sedi majoris,	groß Haußwurtz.
Seseli Æthiopici,	Morenseſel.
Sisari,	Zucker-Rüben.
Solani,	Nachtschatten.
Tithymali maximi,	groß Wolffs milch.
Tithymali latifolii,	breit Wolfs milch.
Unifolii,	Einblat.
Xylostei { major.	groß } Hundeskirsch/
{ minor.	klein } Beinholtz.

CAP. X.

Diese nachfolgende Kräuter bezeichnen die Gallenblase.

Herb. Absinthii vulg.	Gemeine Wermuth.
Absinthii romani,	Römische Wermuth.
Alkekengi,	Judenkirschen.
Botryos maj.	groß Traubenkraut.
Botryos minor.	klein Traubenkraut.
Capparis,	Cappern.
Colocynthidis,	Coloquinten.
Cochleariæ,	Löffelkraut.
Cucumeris Asinini fruct.	Esels Cucummer.
Cucumeris vulg. fr.	gemeine Cucummer.
Cyclaminis,	Schweinbrodt.
Genistæ fruct.	Pfrimmen.
Hellebori albi flos.	weisse Nießwurtzblum
Hellebori nigri flos.	schwartze Nießwurtzbl.
Mari Syriaci,	Syrisch Marum.
Myrtillorum,	Heydelberen.
Mechocannæ,	Mechocan.
Nucũ jugland. cort.	grosse Nüsschalen.
Rhabarbari rad.	Rhabarber wurtzel.
Senæ folia,	Senetbletter.
Soldanellæ,	Meerwinden.
Tithymali sylv.	wildt Wolfsmilch.
Trifolii anglici,	Englisch Dreyblat.
Veronicæ,	Ehrenpreiß.

Cap. XI.

Folgende Kräuter bezeichnen die Miltz.

Herb. Absintii marin. See wermuth.
Absintii angusti fol. Schmale wermuth.
Accipitrinæ, Habichskraut.
Acanthi sylv. wilde Distel.
Agrimoniæ, Odermenning.
Albi oleris, weiß Mueß.
Ambar valis. Creutzblumen.
Anthemii foliosi. Raden.
Anserinæ, Gensericht.
Armerii, Donner negels.
Araci latifolii, Groß Vogelswicken.
Articocæ, Artischocken.
Asparagi sylv. wild Spargen.
Asteris attici, Sternkraut.
Atriplicis hort. Garten milde.
Atriplicis marinæ, See milde.
Atriplicis sylv. wilde milde.
Buglossi hortens. Garten Ochsenzunge.
Bupleuri augusti fol. schmal blättig Hasenöhrlein.
Bupleuri latifolii. breit Hasenöhrlein.
Campanulæ mediæ, Glocken.
Campanulæ autum. Spath Glocken.
Cannabis, Hanf.

Herba Cannabinæ,	Hanffkraut.
Cardui benedict.	Cardobenedicten.
Chrysanthemi.	gülden Distel.
Sphærocephali.	scharf frembdt Distel.
Carlinæ,	Eberwurtzel.
Carlinæ alter.	zweyte Eberwurtzel.
Carthami sylv.	wilde Saffran.
Caudæ murinæ.	Mäuse schwantz.
Cataputiæ,	Springkraut.
Centaurii mag.	groß tausent güldenkr.
Cetrachii.	Miltzkraut.
Chameleontis nigr.	schwartz Chamæleon.
Chamæleæ,	niedrig Olivbaum.
Caryophylli,	Nägelblum.
Cicerum,	Eiser Erbsen.
Cichorii sylv. lat. fol.	breit Wegwarten.
Cochlear. Britannic.	Britanisch Löffelkraut.
Coronæ imperialis,	Kaiserskrohn.
Cristagalli,	Hanekam.
Croci,	Saffran.
Cyani Anglici,	Englische Kornblum.
Dipsaci sylv.	wildt Kartendistel.
Dentis Leonis,	Leuwenzahn/Pfaffenröhrlein/Schmaltzblum.
primæ, 2. 3.	Erste/ander/ und dritte Leuwenzahn.

Herba Draconis,	Dragon.
Draconis sylv.	wildt Dragon.
Echii,	Schlangenhaupt.
Echii alter. spec.	ander schlangenhaupt.
Eryngii spurii quart.	Bastart Manstreu.
Esulæ,	Süß Wolffsmilch.
Filicis palustris,	wildt Fahren.
Filicis virgineæ,	Jungfer Fahren.
Filipendulæ,	Roter steinbrech.
Gentianæ,	groß Entzian.
Gentianæ minor.	klein Entzian.
Genistæ,	Pfriemenkraut.
Gladioli,	Schwertel wurtzel.
Graminis Parnass.	Parnassen graß.
Gratiolæ,	Wasser Jsopp.
Ghrysanthemi,	Gänseblum.
Hellebori nigr.	schwartze Nießwurtz.
Hemiontis peregr.	frembdt Hemionit.
Hieracii magni,	groß Habichskraut.
Hieracii parv.	klein Habichskraut.
Hyacinthi,	Hyacinten.
Hysopi,	Jsopp.
Iasmini,	Jasmin.
Isatis,	Waidt.
Iridis bulbos.	Knottich schwertel.
Lavendulæ,	Lavendel.
Lathyris sylvat.	wilde platte Erbsen.

Herba

Herba Leucoii lutei,	Gelbe Violen.
Linariæ,	Leinkraut.
Græcæ,	Griegiſch Leinkraut.
Lini,	Lein/ Flachs.
Liliorum alb.	weiſſe Lilien.
Purpur.	purpur Lilien.
Sylveſtris,	wilde Lilien.
Alexandrin.	Lilien von Alexandrie.
Aſphodeli,	Lilien von einem tag.
Linguæ Cervinæ,	Hirſchzung.
Lagopi major. alt.	ander groſſe Haſenfus
Lonchitis aſperæ,	waſſer Fahren.
Millefolii aq.	Waſſer garben.
Momordicæ Fæminæ	Balſamäpffel weib.
Narciſſi,	Narciſſen.
Lutei,	gelbe Narciſſen.
Autumnal. major.	Herbſt Narciſſen.
Narturtii hortenſis,	Gartenkreß.
Sylveſtris,	wilde Kreß.
Oſyris,	Leinkraut.
Pedis Anſerini,	Gänſefus.
Pedicularis,	Läuſe kraut.
Perſicariæ,	Flöhe kraut.
Petroſelini Macedon.	Peterſilien von Macedonien.
Phalangii,	Spinnenkraut.
Phyllitis laciniatæ,	geferbt Hirſchzung.

Herba Piperitis aq.	Wasser pfeffer.
Piperitis,	Pfefferkraut.
Polypodii,	Engelsüs.
Polii,	Poliẽ. wilt Roßmarein
Potamogeitonis,	Fonteinkraut.
Plantaginis Hispan.	Spanisch Wegebreit.
Pseudocytisi,	wildt Cytichenkraut.
Pulicariæ,	Flöckraut.
Ranunculi Illyrici.	Schlavonisch Hanefus.
Flammulæ,	Feuerkraut.
Rorismarini,	Roßmarin.
Rutæ muralis,	Mauer raute.
Sabdarifæ,	Sabdarifen kraut.
Sanguinis,	Drachenblut.
Saponariæ,	Seyffenkraut.
Saturejæ.	Saturey.
Scolopendriæ,	Hirschzungen.
Senecionis,	Creutzwurtz.
Sisinrichi,	Haselnüs kraut.
Spicæ,	Spicken.
Spinachiæ,	Spinet.
peregrinæ,	Welsche Distel.
Splenetici,	Miltzkraut.
Spinachiæ sylv.	wildt Spinat.
Stæchadis citrin.	Rheinblumen.
Testiculi Canis,	Hundes geil.

Herba

Herba Thlaſpi candi,	Raden.
Thymæleæ,	Kellershals.
Tithymali,	Wolfsmilch.
Tripolii,	Seestern kraut.
Tulipæ,	Tulipanen.

Cap. XII.

Diese nachfolgende Kräuter und Wurtzeln bezeichen den Magen.

Herba Acori rad.	Wasser Calmus wurtzel.
Ariſtolochiæ rotund.	runde Holwurtzel.
Aronis,	Aronkraut.
Angelicæ rad.	Angelicken wurtzel.
Apii ſativi,	Garten Eppich.
Betæ rubræ,	roth Mangolt.
Biſtortæ rad.	Natterwurtzel.
Bulbo Caſtani,	Erdnüs.
Carlinæ rad.	Eberwurtzel.
Calami,	Calmus.
Chynæ rad.	Chine wurtzel.
Curcumæ rad.	frembd Jngber.
Cyclaminis orbicul.	Schweinbrodt.
Cyclam. orbic. aureæ	gülden Schweinbrod.
Dauci rad.	gelbe Rüben.
Enulæ rad.	Alandt.

Herba

Herba Galangæ,	Galgant.
Hæderæ terrest.	Gundelreben.
Iridis rad.	Schwertel.
Iridis flor.	Schwertelblum.
Levistici rad.	Liebstock wurtzel.
Pastinacæ rad.	Pastinackwurtzel.
Porri,	Lauch.
Pœoniæ rad.	Peonien wurtzel.
Raphani rad.	Rettich wurtzel.
Schoenoprasi,	Bießlauch.
Zingiberis,	Gingber.

Cap. XIII.

Folgende Kräuter/Wurtzel und Samen/ bezeichnen die Nieren.

Sem. Anisi,	Anis samen.
Amigdalarum.	Mandelen.
Herba Agni casti,	Schafsmülle. Keusch Lamb.
Baccar lauri,	Lorbeer.
Berberorum,	Saurach/ Erbselen.
Herba Botryos major	groß Traubenkraut.
minor.	klein Traubenkraut.
Sem. Bombacis,	Baumwol samen.
Braucæ ursin.	Beerenkraut samen.
Carvi,	Wiesenkümmel.

Cana-

Cannabis,	Hanff sahmen.
Cassiæ.	Cassienkern.
Castaneæ,	Castanien. Kästen.
Rad. Chelidonii min.	Feigwartzen krauth.
Sem. Cicerum,	Eiser-Erbsen.
Cornu,	Hornbeer samen.
Cynosbati,	wildt Rosen.
Fructus Cucumeris,	Gurgken. Cucummern.
Asinini.	Esels Cucummern.
Cucurbitæ,	Kürbis.
Semen Cymini,	Römische Kümmel.
Dactylorum,	Dattelen.
Radix Doronici	Gembsen wurtzel.
Sem. Fabar. major.	grosse Bonen.
Fæninuli,	Fenchel.
Fænugræci,	Fenugrec samen / Bockshorn.
Fraxini ligni,	Eschenholtz.
Galegæ,	Gaißrauthe.
Semen Genistæ,	Pfriemen kraut sahm.
Herb. Hæderæ terrest.	Gundelreben.
Herniariæ,	Tausentkorn.
Sem. Iasmini,	Jasmin.
Lupini,	Feigbonen.
Lentis,	Linsen.
Malvæ sylv.	wildt Pappel sahm.
majoris.	groß Pappel sahm.

Mal-

Malvæ minoris,	klein Pappelsahm.
Melonum,	Melonen.
Mespilorum,	Mespel körner.
Morsus ranæ,	Froschbieß.
Musci terrestris,	Erdtmoos sahm.
Milii vulg.	gemeine Hirsche.
solis,	meer Hirsche.
Nucum Avellanar.	Haselnüsse.
Pisorum,	Erbsen.
Pinearum,	Pineen.
Pistachiarum,	Pimpernüsse.
Ranunculi aq.	Wasser Hanefuß.
Ribium,	Johannis trauben.
Saxifragiæ,	Steinbrech.
aureæ,	gülden Steinbrech.
Semen Sinapi.	Senff.
Herba Soldanellæ,	Sehewinde.
Rad. Testiculi pastor.	Knabenkraut.
canis,	Hundesklot.
Semen Tribuli aq.	Wasser-Nüs. stachel-Nüs.
Uvæ passæ,	Rosinen.
Violariæ,	blawe Violen.
Xylo caractæ,	Johannisbrod körner.

Cap. XIV.

Nachfolgende Kräuter bezeichnen die Blase.

Herba Alceæ vesicar.	Sigmars kraut.
Allii,	Knoblauch.
Alkekengi,	Judenkirschen.
Cæparum,	Zwieblen.
sylv.	wilde Zwiebeln.
oblongar.	lange Zwiebeln.
Coluteæ,	wilde Senetbletter.
Colureæ,	Welsche Linsen.
Hyoscyami,	Bilsen.
Iuncei porri,	Bißlauch.
Moli angusti fol.	Moly mit schmalen Blättern.
lati folii.	breitblattig Moly.
Indici,	Indiantsche Moly.
Porri.	Lauch.
vitiginei,	Weinranck Lauch.
Primulæ veris,	Schlüsselblum.
Solani,	Nachtschatten.
Staphylodendri,	Pimpernüssel.
Testiculi lutei,	gelb Knabenkraut.
Violariæ semen.	Violensahme.

Cap. XV.

Folgende Kräuter und Wurtzeln bezeichnen die Därme.

Herba Anagallis,	Gauchheil.
Alsine,	Hünerdarm.
Aristoloch. long. rad.	lange Osterlutzey.
Asparagi rad.	Spargenwurtzel.
Brassicæ montan.	Feldt Köhl.
Bryoniæ,	Zaunrüben.
Convolvuli cærulei,	Blaue Winde.
Cuscutæ,	Flachs-seyde/ Dotter.
Cyperi rotundi,	runder wilder Galgan
longi,	langer wilder Galgan.
Dulcamaræ,	Je lenger je lieber.
Fænu græci,	Bockshorn.
Graminis rad.	Graßwurtzel.
Hirci barbæ,	Bocksbarth.
Hirundinariæ rad.	Schwalben wurtzel.
Lupuli,	Hopffen.
Mechoacannæ	Mechocan.
Nasturtii Indici,	Indianische kreß.
Perfoliatæ,	Durchwachs.
Periplocæ prior.	Erst Periplock.
Polypodii rad.	Engelsüswurtzel.
Sarsæparillæ rad.	Salsaparilla.
Scammoniæ,	Scammonien.

Herba

Herba Serpent. alter.	ander Schlangenkr.
Sigilli Salomon rad.	Weißwurtzel.
Soldanellæ,	Seewinde.
Squammatæ,	Schuppenwurtzel.
Volubilis major	groß Winde.
minoris.	klein Winde.
nigræ,	schwartze Winde.

Cap. XVI.

Folgende Kräuter und Blumen bezeichnen den Nabel.

Herba Aconiti pard. Mathioli.	Mathiolische Wolfsmilch.
Apparinæ,	Klebkraut.
Aristolochiæ rotund.	runde Osterlutzey.
Bellis Hortensis,	zahme Maßlieben.
sylvest.	wilde Maßlieben.
Buphthalmi flos.	Rinds augen.
Calthæ alpin. fl.	Mutterwurtz.
Chamæcy parissi,	niedrig Cypreß.
Chamomillæ vulg.	Camillenblumen.
Romanæ.	Römische Camillen.
Cotyledonis palust.	Wasser Nabelkraut.
Consolidæ palustr. fl.	Wasser wundkr. blum
Chrysanthemii latifolii.	breitblättig Gänseblum.

Herba Dentis Leonis,	Löwenzahn. Schmaltzblum.
Farfaræ flos.	Hufflattich blumen.
Hederæ terr. summitat.	Gundelreb oberstes.
Hieracii flos.	Habichts kraut blum.
Hypochœris flos.	Ferckleinkraut.
Lilii inter spinas.	Specklilien.
Lilii sylvest.	Goltwurtzel.
Malvæ major.	grosse Pappel.
minoris,	kleine Pappel.
Matricariæ fl.	Meternkraut blum.
Matrisylviæ.	Waldmeister.
Nasturtii Indici,	Indianische Kreß.
Nummulariæ,	Pfennigkraut.
Nympheæ flos.	Seeblum.
minimæ.	kleine Seeblum.
Peponis rotund. maj.	grosse runde Pfeben.
Plantaginis roseæ.	Rosen wegerich.
Portulacæ,	Purtzel.
sylvest.	wilde Purtzel.
Roseæ radicis,	Rosenwurtz.
Smyrnium Cret.	Cretische Schmirn.
Sedi major.	groß Haußwurtz.
arborei,	Baum Haußwurtz.
minoris,	klein Haußwurtz.
Tanaceti flos.	Rheinfahren.

Herba

Herba Thymeleæ.	Kellershals.
Umbilic. vener. maj.	groß Nabelkraut.
Umbil. veneris min.	klein Nabelkraut.

Cap. XVII.

Diese nachfolgende Kräuter/Wurtzeln/ Blumen und Früchte/ bezeichnen die Mänliche Geburts-glieder.

Herba Amygd. fruct.	Mandelkern.
Anthoræ flos.	Giftheyl.
Aronis flos.	Aron blum.
radix.	Aronwurtzel.
Arisari latifol.	breitblättig Ariser.
angusti folii.	schmalblättig Ariser.
Asari rad.	Haselwurtzel.
Asparagi rad.	Spargenwurtzel.
Avellanarum fruct.	Haselnüs.
Asphodeli rad.	Goldtwurtzel.
Bistortæ major.	groß Natterwurtzel.
Bryoniæ rad.	Zaunrübe.
Castanear. fruct.	Castanien.
Cavæ radicis flos.	Holwurtzelblum.
Cæparum,	Zwiebeln.
Cyclaminis rad.	Schweinbrot wurtzel.
Cynosorchis flos.	gesprinckelt Knabenkr.

Herb. Dracunculi fl.	Speerwurtzel blum.
Equiseti major.	Schaffthew.
minoris.	Katzenzagel.
Eryngii,	Manstreu.
Glandium fructus.	Eicheln.
Hemerocallis.	Lilien von einem Tag.
Hieracii rad.	Habichtskr. wurtzel.
Hippuris arvens,	Schaffthew.
Impatientis flos.	Vngedult.
Iuglandium,	grosse Nüsse.
Iunci,	Bintzen.
Kali geniculati,	Kalikraut.
Liliorum alb. rad.	weiß Lilien wurtzel.
Linariæ panon. flos.	Vngerisch Leinkraut-blum.
Lupuli flos.	Hopffen.
Mandragoræ rad.	Alraun.
Mercurialis mas.	Bingelkraut.
Morellorum fructus.	Morellen. Malleten.
Noli metangere,	Rühr mich nicht.
Oculi Christi,	Christaugen.
Olivarum fruct.	Oliven.
Ononidis sine spina.	Hauhechel sonder stachel.
Orobanchæ,	Orobanschen.
Ornithophori flos.	Stendelwurtz blum.
Orchis minor, flos.	klein Knabenkraut.

Herba

Herba Persicorum fr.	Pfersig.
Pinearum fruct.	Pineenkern.
Pistatiar fruct.	Pimpernüsse.
Polygoni fæminæ,	Wegdritt.
Porri,	Lauch.
Roris solis,	Sonnenthau.
Satyrionis rad.	Knabenkraut wurtz.
Serpentariæ flos.	Schlangenkr. blum.
minoris.	klein Schlangenkraut blumen.
Staphylodendri sem.	Pimpernüs.
Testicul. muscarii fl.	Mauß hödeleins blü.
galericu lat. flos.	Knabenkraut.
vulpini flos.	Fliegenblum.
Canis rad.	Hundeskloth.
Tigridis flos.	Tigerblum.
Tragorchis flos.	Bocksgeil blum.
Triorchis flos.	Ragwurtz blum.
Typhæ,	Narrenkolben.
Uvæ passæ sem.	Rosinenkern.

Cap. XVIII.

Diese nachfolgende Kräuter und Wurtzeln/ bezeichnen der Frawen Scham/ oder Behrmutter.

Herba Abutili,	Abutilkraut.
Aconiti pardaliäch.	Wolfswurtz.

Herba Alceæ,	Sigmarskraut.
Alcali,	Saltzkraut.
Altheæ,	Eybisch.
peregr.	frembde Eybisch.
Alchimillæ,	Sinnau.
Anthoræ,	Giftheyl.
Apii,	Eppich.
Aristolochiæ rotund.	runde Osterlutzey.
Cypriæ,	Cyprische Osterlutzey
clematis,	steigende Osterlutzey.
Artemisiæ,	Beyfuß.
Æthiopis,	Morenkraut.
Bacharis,	Bacharskraut.
Balsamitæ,	Frawenkraut.
Boleti Cervini,	Hirschbrunst.
Brancæ ursinæ,	Beerenklau.
maximæ,	groß Beerenklau.
Bryoniæ rad.	Zaunrübe.
Carlinæ nigræ,	Eberwurtz.
Conyzæ variæ spec.	vielerley Dürrwurtz.
Consolidæ mediæ,	Güldengunsel.
Cucurbitæ,	Kürbis.
Cucumeris,	Gurcken. Cucumern.
Cyclaminis maj. rad.	groß Schweinbrodt.
Cydonior. fol. & fructus.	Quittenblätter und früchte.
Dauci,	gelb Rübenkraut.

Herba

Herba Digitalis,	Fingerkraut.
Diptamni Cretici,	Cretisch Diptam.
Epimedii,	Epimedienkraut.
Filaginis,	Feuerkrautt.
Geranii variæ ſpec.	Allerhand Storcken-ſchnabel.
Gnaphalionis,	Rhurkraut.
Hyoſcyami,	Bilſenkraut.
Iaccæ nigræ,	ſchwartze Flockblume.
Ivæ moſchatæ,	Feldt Cypreß.
Leontopodii,	Löwenzapp.
Lunariæ græc.	Monkraut.
Lychnis Chriſti,	Chriſtaugen.
Lycopodii,	Teuffelsklau. Erdt-gürtel.
Mali inſani,	Doll äpffel.
Malvæ hort. mult. fl.	gefült Garten pappel.
Mandrag. fæm. rad.	Weiblein Alraun.
Mari,	Marum.
Marrubii,	Andorn.
Marrubiaſtri,	ſchwartze Andorn.
Matricariæ,	Mutterkr. Metern.
Mercurialis fæm.	Weibiſch Bingelkr.
Mentaſtri,	wilde Müntze.
Menthæ criſpæ.	krauſe Müntze.
Meu rad.	Beerwurtzel.
Mille folii,	Schaffsgarbe.

Herba Musci palustr.	Wasser-Moos.
Nepetæ,	Katzenmüntze.
Ocymi sylvest.	wild Basilien.
Ormini,	Scharley.
Ostrutii,	Meisterwurtz.
Peucedani,	Haarstrang.
Pilosellæ major.	groß Maußohr.
Pistolochiæ,	Pistolochien.
Pseudo diptamni,	falsche Diptam.
Pulegii,	Poley.
Pulsatillæ,	Küchenschell.
Ranunculi Lusitani,	Portugals Hanefus.
Rorismarini sylv.	wildt Rosinarien.
Salviæ,	Salbey.
Salviæ agrestis,	wild Salbey.
Sanctæ Mariæ,	unser Frauen Müntze.
Savinæ,	Sevenbaum.
Scarleæ,	Scharley.
Scordii,	Wasser batengel.
Serpylli,	Quendel.
Seseli cretici,	Sesel von Candien.
Solani somniferi,	Schlafbeer.
Solis flos.	Sonnen blum,
Stachys,	Riechender Andorn.
Sysimbrii,	Roßmüntze.
Thoræ Waldensis,	Waldensische Thora.
Verbasci,	Wüllkraut.

Herba

Herba Verbenæ,	Eisenhart.
Vulvariæ,	stinckende Milte.

Cap. XIX.

Nachfolgende Kräuter bezeichnen eine Hand.

Herba Aconiti,	Wolfswurtz.
Anagyris fœtidæ,	Baum bohnen.
Agnicasti,	Keuschbaum. Schaffsmulle.
Bryoniæ,	Zaunrüben.
Cariophyllatæ,	Negelwurtz.
Colocynthidis,	Coloquinten.
Cucurbitæ,	Kürbiß.
Cucumeris,	Gurcken. Cucumern.
Ficus,	Feigen.
Fragariæ,	Erdtbeerkraut.
Geranii major,	groß Storckenschnabel.
minoris,	klein Storckenschnab.
Grossulariæ,	Wegdorn. Klosterbeer
Heptaphylli,	Blutwurtz.
Hellebori,	Nießwurtzel.
Hermodactilli,	Hermodattel.
Lupini,	Feigbonen.
Lupini sylv.	Wolfsbonen.

Herba Lupuli,	Hopfen.
Melonum,	Melonenkraut.
Oxytriphylli,	starckriechende Klehe.
Ostrutii nigri,	schwartz Meisterwurtz.
Palmæ Christi maj.	groß Händtleinwurtz.
minoris.	klein Händtleinwurtz.
Paris,	Einbeer.
Pentaphylli,	Fünf fingerkraut.
Petrosel. macedon.	Macedonisch Peterle.
Ranunculi,	Hanefus.
Ribesiæ folia,	Johannistrauben blat.
Ricini,	Wunderbaum.
Sambuci aq.	Wasser Holder.
Saniculæ officin.	Sanickel.
Staphis agriæ,	Läuse sahmen.
Tormentillæ,	Blutwurtz.
Veratri nigri,	schwartze Nießwurtz.
Violæ Dentariæ,	Zahnviohl.
Vitis Ideæ,	Hindbeer.
Vitis sylv.	wilde Reben.

Cap. XX.

Diese nachfolgende Kräuter bezeichnen Adern/Sennen und Nerven.

Herba Ammi,	Ammeykraut.
Anethi,	Dillen.

Herba

Herba Allii,	Knoblauch.
ſylv. latifol.	breitblätich Knobloch.
alpini,	Mänlich Siegwurtz.
Biſtortæ.	Natterwurtz.
Burſæ Paſtoris,	Hirtentaſche.
	Teſchelkraut.
Calceoli ſacerdotis,	Pfaffenſchuch.
Cannabis.	Hanff.
Carvi,	Wieſenkümmel.
Centum nodiæ,	Weggraß. Wegdritt.
Cariophylli Cartuſ.	Carthuſer Nägelchen.
Chamæcypariſſi,	niedriger Cypreß.
Chryſanthemii latif.	Goltwurtzel.
Coriandri,	Coriander.
Coronopi,	Krähenfus.
Cumini,	Römiſche Kümmel.
Gentianæ,	Entian.
Gram. Parnaſs.	Graß von Parnaſſen.
Hellebori albi,	weiß Nießwurtz.
Harmalæ,	wilde Raute.
Iridis,	Schwerttel.
Iſatis,	Weydt.
Fraxini cort.	Eſchenbaum Rinden.
Liliorum convalliū,	Meyblumen.
Lilii Sylveſtr.	Goltwurtzel.
Paronychiæ,	Nägelkraut.
Plantaginis ramoſ.	Spinnenkraut.

Herba

Herb. Plantag. major.	groß Wegbreit.
minoris,	klein Wegbreit.
aquatilis,	Wasser Wegbreit.
Porri Syriaci,	Syrisch Lauch.
Psyllii,	Flöhekraut.
Savinæ,	Sevenbaum.
Saponariæ,	Seyffenkraut.
Sigilli Salamonis,	weiß Wurtzel.
Stoebe.	ein arth Scabiosen.
Vincetoxici.	Schwalben wurtzel.

Cap. XXI.

Folgende Kräuter / Früchte / Blumen und Wurtzeln / bezeichnen die Knotten / Feigwartzen / gewachsene Kröpffe / und krampffspannungen.

Rad. Aconiti pontic.	Römisch wolfsmord.
Acanti nux,	Distelnüß.
Acetosæ tuberosæ,	knöpfficht Sauerampfer.
Allii,	Knobloch.
Anthoræ.	Giftheyl.
Arisari latifol.	breit Arisaren.
angusti folii.	schmal Arisaren.
Aronis,	Aronwurtzel.
Ægyptiaci,	Egyptisch Aron.
Asphodeli,	Goldtwurtzel.

Radix

Radix Asphodeli albi.	weisse Goltwurtzel.
Bistortæ,	Natterwurtz.
Bulbo castani,	kleine Erdnüs.
Rad. Boleti Cervini,	Hirschbrunst.
Her. Calami aromat.	Calmus.
aquat.	Wasser Calmus.
Cavæ rad. minoris.	klein Holwurtzel.
majoris,	groß Holwurtzel.
Caprifolii fruct.	Beere auf Specklilië.
Cæparum,	Zwiblen.
Chelidonii minor.	Scharbockskraut.
Cyclaminis,	Schweinbrodt.
Cyperi rotundi,	rundt wilder Galgan.
Dentis Leonis,	Löwenzahn.
	Schmaltzblum.
Doronici,	Gembsenwurtzel.
Dracunculi major.	groß Speerwurtzel.
minoris.	klein Speerwurtzel.
Dulcichini cum fl.	süß Cyperus.
sine flore,	süß Cyperus ohne blū
Erisymi,	Heyderich.
Filipendulæ rubræ,	roth Steinbrech.
Gallarum turcicar.	Galläpffel.
vulgar.	gemeine Eichäpffel.
Geranii,	Storckenschnabel.
Hederæ arboreæ,	Epheu.
terrestris,	Gundelrebe.

Herba

Herba Hemerocallis,	Lilien von einem Tag.
Illecebræ,	Spannisch Schmerwurtzel.
Iridis florent.	Florentinisch Violwurtzel.
Iridis tuberosæ,	knobelachtig Violenwurtzel.
Rad. Liliorum albor.	weiß Lilienwurtzel.
flavorum.	gelbe Lilien.
Herba Linariæ,	Leinkraut.
Fruct. Myrobalanor.	Myrobalanen.
Rad. Narcissi,	Narcissen.
Pœoniæ,	Peonienwurtzel.
Herba Persicariæ,	Flöhkraut.
Rad. Polypodii,	Engelsüß.
Ranunculi illyrici,	Schlavonisch Hanefus.
tuberosi,	knoblicht Hanefus.
Satyrionis,	Stendelwurtzel.
Saxifragiæ,	Steinbrech.
Scrophulariæ,	Braunwurtz.
Sigilli Salamonis,	weiß Wurtzel.
Herba Spinæ albæ,	weiß Bergdistel.
Telephii secund.	ander Knabenkraut.
Testiculor. var. spec.	vilerhand klotwurtzel.
Thora Waldensis,	Waldenser Thora.
Tormentillæ,	Blutwurtz.

Herba

Violæ dentariæ	Zahn viol.
hii,	Betlers läuse.

Cap. XXII.

;folgende Kräuter bezeichnen zerschnitte- :/gehawene/ gekerbte/ durchgerissene/ und durchlöcherte Wunden.

a Alchimillæ,	Frauenmantel/ Sinnau.
Attricanæ,	Indianische Nägel.
Aphyllantis,	Aphillandt.
Angelicæ,	Angelick.
Argentinæ,	Gänseriche.
Auriculæ ursi,	Beer ohr.
Betonicæ,	Betonien.
Blattariæ,	Mottenkraut.
Bursæ Pastoris,	Hirtentäschel. Teschenkraut.
Cardui stellat.	Sterndistel.
Caryophyllatæ,	Nägelkraut.
Chrysantemi,	S. Johannis blum.
Cherefolii,	Kerbel.
Cichorii sylv. lutei,	gelb Sonnenwende.
Consolidæ Saracen.	Heydnisch wundtkr.
Chondrillæ,	kleine Sonnenwirbel.
Cruciatæ,	Kreutzwurtzel.

Herba

Herba Dentis leonis,	Löwenzahn. Schmaltzblum.
Doriæ,	Güldenkraut.
Ebuli,	Attich.
Eryngii ſpurii aq.	Waſſer Manstreu.
Fraxinellæ albæ,	falſch Diptam.
Geranii acuti,	langſpitzig Storchenſchnabel.
Hypericonis,	Johannisfraut.
Iacobeæ flos.	Jacobsblum.
Iudaicæ,	Gliedtkraut.
alteræ,	ander Gliedtkraut.
Leviſtici,	Liebſtöckel.
Lunariæ minor.	Monkraut.
Marrhubii,	Andorn.
Mentaſtri,	wild Balſemkraut.
Millefolii,	Schaffripp. Garben.
Momordicæ Fœm.	Balſamäpffel.
Morſus diaboli,	Teuffels abbis.
Origani,	Wolgemuth.
Ocymi,	Baſilien.
Papaveris,	Magſamen.
errat.	Klapperroſen.
Perfoliatæ,	Durchwachs.
Perſicariæ macul.	Flöhekraut.
Pimpinellæ vulgar.	Bibinel.
Italicæ,	Italiäniſche Bibinel oder Blutkraut.

Herba

Herba Petroselini Macedon.	Macedonische Petersilien.
Quinque folii,	Fünff fingerkraut.
Rapontici,	Rapontic.
Saniculæ,	Sanickel.
Scabiosæ,	Pestemkraut.
Scandicis,	Nadelkerbel.
Scordii,	Wasser knoblauch.
Scrophulariæ maj.	Braun wurtz.
Sonchi spinosi,	Scůdistel.
Stratiotis aq.	Wassergarbe.
Tormentillæ,	Blutwurtz.
Trinitatis,	Freysamkraut.
Verbenæ,	Eysenhard.
Violæ Dentariæ,	Zanviol.
Virgæ aureæ margine, crenatæ,	Am ranfft zerkerffte gůldene Ruthe.
Urticarum var. spec.	Allerhand Nessel.
Ulmariæ,	Geißbarth.

Cap. XXIII.

Folgende Kräuter und Wurtzeln / bezeichnen mit jhrem schleimigen zähen feisten Saft die kräften Wunden zuheften / und Fleisch wachsen zu machen.

Herba Acanti,	Walde Distel.
Alceæ rad.	Sigmarswurtz.

Herba Althcæ rad.	Eybisch wurtzel.
Auricul. alpin. rubræ,	roth Bergsanickel.
Bifolii,	Zweyblat.
Brassicæ leporin.	Hasenkohl.
Campanulæ major,	grosse Glocken.
Cardui lactei,	Milchdistel.
Chondrillæ cæruleo flor.	Blau Sonnenwendt.
Coronæ solis,	Sonnen krohn.
Cyclaminis rad.	Schweinbrodt.
Esulæ major.	groß Teuffelsmilch.
Fraxini cort.	Eschen Rinden.
Ficus,	Feigen.
sylvest.	wilde Feigen.
Hieracii,	Habichtskraut.
Lactucæ,	Lattich.
Moly rad.	Moly.
Narcissi,	Narcissen.
Papaveris,	Magsamen.
Satyrionis.	Knabenkraut.
Sarsæ parillæ rad.	Sarseparil.
Scammoneæ,	Scammonium.
Smyrnii Amani-montis.	Olsenich.
Scorzoneræ rad.	Scorzoner wurtzel. Schlangenmordt.
Sonchi,	Hasenköhl.

Herba

Herba Spinæ purgatoriæ,	Wegdorn.
Superbæ,	Bechnegels.
Symphiti rad.	Wallwurtz.
Tithymali,	Wolfsmilch.
Telephii Hyspan.	Spannisch Wundkr.
Visci quercini,	Eichen Mispel.
Unifolii,	Einbladt.

Cap. XXIV.

Nachfolgende Kräuter/Blumen und Früchten / bezeichnen blaue / rohte / schwartze / gesprenckelte/gestossene/geschlagene/gequetschte Flecken; Wie auch schuppige/ ufgeloffene/grindige Geschwer/Pocken oder Urschlechten und Röteln.

Her. Abietis rubr. arb.	Roth Dannenbaum.
albæ arbor.	Weiß Dannenbaum.
Anisi,	Aniß.
Asperuginis spuriæ,	wilde Spargen.
Aureliæ,	Golttblum.
Betulæ cort.	Bircken Rinde.
Calceoli divæ mar.	unser Frauenschuck.
Cardui Mariæ,	Frauendistel.
veneris,	Weberdistel.

Herba Cetrachii,	Steinfahrē. Miltzkr.
Chamæcy parissi,	klein Cypreßkraut.
Chamæpitys,	Feldtcypreß.
Cyani,	Kornblumen.
Cyclaminis,	Schweinbrodt.
Cynosorchis,	gesprenckelt Knabēkr.
Cypressi,	Cypressen.
Ericæ,	Heyden.
Filicis,	Fahren.
Fragariæ,	Erdtberkraut.
Fragorum bac.	Erdtbeeren.
Fumariæ,	Erdtrauch.
Hæmionitis peregr.	frembdt Hæmioniten.
Hellebori sylvestr. bac.	Wald Nießwurtzelbeer.
Iuniperi bac.	Wachholderbeer.
Lappati acuti,	Grindtwurtz.
Linguæ Cervinæ,	Hirschzungen.
Lonchitis asper.	Wasserfahren.
Mori baccæ.	Maulbeer.
Myrtillorum bacc.	Heydelbeer.
Origani,	Wolgemuth.
Persicariæ mar.	Wasserpfeffer.
Phyllitis laciniat.	gekerbte Hirschzung.
Primulæ veris flos.	Schlüsselblumen.
Pulmonariæ macul.	Fleckigt Lungenkraut.
Ranunculi,	Hanefus.

Herba —

Herba Ribium bacc.	Johannis treublein.
Rubi Idæi,	Hindbeer.
Cortices.	Hindbeer rinden.
Sambuci bacc.	Hollunderbeer.
Savinæ,	Sevenbaum.
Scabiosæ,	Apostemkraut.
Scolopendriæ,	Hirschzungen.
Scrophulariæ,	Braunwurtz.
Satyrionis major.	Eine arth groß Knabenkraut.
Tamarisci,	Tamarisken.

Cap. XXV.

Diese nachfolgende Kräuter und Wurtzeln bezeichnen das Blut.

Herba Acetosæ,	Sauerampfer.
Acetosellæ,	Hertzklee.
Agrimoniæ rad.	Odermennig.
Anchusæ alteræ, tert. quart.	Bastart Anchuse.
Alkannæ rad.	groß rot Ochsenzung.
Amaranti,	Tausendtschönen.
Apparinæ rad.	Klebkrautwurtz.
Armerii flos,	Donneregel.
Artemisiæ,	Beyfuß.
Ascyri,	Hartheu.

Herba Atriplicis,	Milte.
Attractilis,	wilde Saffran.
Auriculæ muris,	Maußohr.
Barbæ caprin. rad.	Bocksbarth.
Brassicæ rubr.	rothe Kohl.
Brancæ ursinæ,	Beerenklau.
Baccar. ebuli,	Attichbeer.
Betæ rubræ,	rohte Rüben.
Centaurii majoris rad.	Groß tausend gülden kraut.
Centi nodii,	Tausenknot.
Chinæ rad.	Chynewurtzel.
Chrysogoni radix,	Wolfrautsgeschlecht
Cichorii minor rad.	klein Wegwarth.
Filicis rad.	Fahrenkraut.
Filipendulæ rad.	Steinbrech.
Floris solis truncus,	Stam von Sonnenblum.
Fragariæ,	Erdtbeerkraut.
Fuci Marin.	Meer röth.
Fuci Hispanic.	Spannisch roth.
Fumariæ,	Erdtrauch / Taubenkropff.
Geraniorum 6. species.	sechserley Storckenschnabel.
Hypericonis,	Johanniskraut.
Iridis aq.	Wasser Schwertel.

Herba

Herba Lappati sang.	roht Grindtwurtzel.
acuti,	gespitzte Grindwurtz.
Litho sperm. rad.	Meer Hirschēwurtzel.
Lysimachiæ,	Weyderich.
Lychnis coron. flos.	Cronen Christauge.
Lycopsis rad.	wild Ochsenzunge.
Lonchitis,	Spies kraut.
Origani,	Wolgemuth.
Onochilæ rad.	Ochsenzung.
Onosmæ rad.	Stallkraut wurtz.
Osyris rad.	frembdt Leinkraut.
Papaveris flos.	Magsamenblum.
Parietariæ rad.	Tag und Nachtwurtzel.
Pancratii rad.	Meerzwiebel.
Pœoniæ rad.	Peonienwurtzel.
Persicariæ,	Flöhkraut.
Pimpinellæ,	Pimpinel.
Piperis aq.	Wasserpfeffer.
Prati reginæ,	Wiesenkönigin.
Quinque folii,	Fünf fingerkraut.
Roris solis,	Sonnendaw.
Rubiæ tinct.	Ferber röthe.
Sanguis Draconis,	Drachenblut.
Sanguis Iohannis,	Johannisblůt.
Sangui sorbæ	Blutströpffel.
Sanguis viri,	Mansblut.

Herba Sanguinariæ,	Blutskraut.
Saniculæ alb. flor. gutt. sanguin.	Blut spricklet Berg-sanickel.
Saxifragiæ,	Steinbrech.
Semper vivi maj.	groß Haußwurtz.
Serpylli,	Quendel.
Somniferi solan. rad.	Schlafskraut wurtzel.
Symphyti,	Schwartzwurtzel.
Tormentillæ,	Blutwurtz.
Verbenæ,	Eysenhart.
Virgæ aureæ,	Gülden ruth.
Volubilis acut. rad.	Stechwinden wurtzel.
Urticæ rubeæ,	rohte Nessel.
Xanthii,	Betlers Läuse.

Cap. XXVI.

Nachfolgende Kräuter / Wurtzeln / Stiele / und Blätter / bezeichnen Schlangen / Bauchwürme / Wespen und Scorpionen; Helffen auch wieder deren zugefügten schaden / als bisse oder stiche.

Herba Aconiti pardalianchis,	Wolffswurtz.
Allii Columbini,	Taubenknobloch.
Aristoloch. long. rad.	lange Osterlutzey.

Herba

Herba Aronis,	Aron.
Calami rad.	Calmus.
Chondrillæ,	Sonnenwirbel.
Cruciatæ fœm.	Weibisch Creutzkraut.
Doronici rad.	Gembsenwurtzel.
Dracunculi maj.	groß Schlangenkraut
minoris.	klein Schlangenkraut
Graminis rad.	Queckenwurtz.
Heliotropii major.	groß Sonnenwendt.
Iridis flor.	weiß Violenwurtzel.
Musci terrest.	Erdmoos.
Ophioglossi,	Natterzünglein.
Ocymastri,	wild Basilien.
Paris,	Einbeer.
Phalangii,	Spinnenkraut.
Pseudo coronopi,	Falsch Krähenfuß.
Reginæ prati,	Geißbart.
Scorpioidis,	Scorpionkraut.
Scorzoneræ,	Schlangenmordt.
Serpentariæ,	Drachenwurtz.
Sideritis,	Gliedkraut.
Tanaceti,	Rheinfahren.

Cap. XXVII.

Alhier wird verzeichnet den unterscheydt der Gewächse/ so sie nach jhrer eingedruckten eygenschaft mit sich bringen / und dadurch von dem gemeinen lauff der Natur/ und andern Gewächsen unterschieden werden.

I.

Diese nachfolgende haben keine Stiele/ Blumen noch Samen.

Herba Aspleni,	Miltzkraut.
Capilli veneris,	Frawenhaar.
Corallinæ,	Corallen Moos.
Dryopteris candidæ,	weiß Eichfahrn.
Dryopteris nigræ,	schwartz Eichenfahrn.
Equiseti major,	Pferde schwantz.
minoris,	Katzenschwantz. Schaffthew.
Filicis maris,	Waldfahrn.
Palustris,	Wasserfahrn.
Filiculæ,	Wiedertodt.
Hemionitis peregr.	frembdt Hemioniten.
Lonchitis asperæ,	groß Miltzkraut.
Musci arborei,	Baum Moos.
Palustris,	Wasser Moos.

Herba

Herba Pulmonariæ arbor.	Eichen Lungenkraut.
Polypodii,	Engelsüs.
Rutæ murariæ,	Maurerraute..
Sclopendriæ,	Hirschzungen.

2.

Diese haben eher Blumen dan Kraut.

Flor. Acatiæ,	Schlehendorn.
Amygdalar.	Mandelblüth.
Abricosæ,	Apricosen. Möllele.
Croci,	Saffran.
Epaticæ aureæ,	gülden Leberkraut.
Farfaræ,	Hufflattich.
Persici,	Pfersickblüth.
Petasitidis,	Pestilentzwurtz.
Squillæ,	Meerzwibel.

3.

Diese haben Blumen ohne Früchte.

Herba Mercurialis mas.	Mänlich Bingelkraut.
Phyllonis.	Weibisch Bingelkr.

4. Diese

4.

Diese haben weder Blumen noch Samen.

Herba Aronis Ægypt.	Egyptisch Aron.
Calthæ palustr. aq.	wild Wasser dotterkraut.
Dulcichini,	süsse Cypreß.
Epimedii,	Epimedienkraut.

5.

Diese haben Sticle/ Blumen/ Früchte/ und doch keine Blätter.

Herba Amblati,	Schuppenwurtzel/
Ephedræ,	Ephederenkraut.
Uvæ marinæ,	Seetrauben.

6.

Diese haben Früchte ohne Blumen.

Ficus vulgaris,	Gemeine Feigen.
Ficus Indicæ,	Indianische Feygen.

7.

Diese bekommen keinen Samen.

Herba Diptamni,	Diptam.
Lavendulæ,	Lavendel.
Onosmæ,	Stahlkraut.

8. Diese

8.

Diese bekommen keine Stiele / keine Blumen / keinen Samen.

Herba Hemionitis, Hemionit.
Onosmæ, Stallkraut.
Phyllitis, Hirschzung.

9.

Diese haben niemahls Blumen.

Herba Chamælycæ, Niedrig Teuffelsmilch.
Hypophestonis, Hypophesten kraut.

10.

Diese haben Blumen und Früchte zugleich.

Ficus, Feigen.
Herba Melonum, Melonen.
Cucumeris, Gurcken. Cucummer.
Cucurbitæ, Kürbsen.
Peponum, Pfeben.

11.

Diese haben keine Schillen noch Nerven / Adern / Marck / Blätter / Blumen / Samen / noch Früchte.

Fungi, Schwämme.
Spongiæ marin. Schwämme im Meer.

12. Diese

12.

Diese haben keinen Stiel noch Wurtzel.

Herba Musci marini virentis latifolii, groß Seemoos mit breiten Blättern.

13.

Diese haben kein Stiel noch Blat.

Radix tuberis, ist eine runde Wurtzel.

14.

Folgende sind im heissen Sonnenschein gantz Naß.

Herba Epaticæ stellatæ, Sternleberkraut.
Cardui fullonum, Weberdistel.
Hormini, Scharley.
Roris solis, Sonnendau.

15.

Folgende haben ihre Blumen nicht auß= sondern inwarts.

Herba Lappæ, Kletten.

16. Diese

16.

Diese aufwarts gebrochen / machen übersich erbrechen; und diese niederwerts gebrochen / purgiren unter sich.

Herba Asari,	Haselwurtz.
Radix Bryoniæ,	Zaunrübe.
Summitat. sambuci,	Gipffel von Hollunderbaum.
Cortic. sambuci,	Rinden von Hollunderbaum.

17.

Herba Sentiens, legt sich nieder / und stehet nicht wieder auf / biß man wieder hinweg gehet.

18.

Arbor pudica, wächset in der Insul Pudifera. Wan ein Mensch oder Thier nur darunter kommet / ziehet er seine niederhangende Zweige alsobald über sich.

19.

Herba Noli metangeræ, Rühr mich nicht / zerspringet alsobald in der Hand.

Item /

Item/ *Semen* filicis, Fahren. Momordicæ und Cucumeris Aſinini, Eſelgurck/ ſprenget alle ſeine Körner umb ſich.

20.

Herba Moluccæ, verendert ſeine Farbe/ ſo bald als man darbey kombt.

21.

Herba Chamæleontis, verändert ſeine Farbe nach ſeinem Wachsplatz der Erden/ iſt bald ſchwartz/grün/blaw/gelb/ꝛc.

22.

Herba Hemerocallis, Lilien von einem Tage; gehen mit der Sonnen aufgang in die Blüth/ und mit derſelben untergang/ vergehen ſie gantz und gar.

23.

Flos tripolii, verändert ſeine Farben jeden Tag drey mahl/ deß Morgens weiß/ deß Mittags purpur/ deß Abendts rohtfärbig.

24.

Lotus Ægyptia, Egyptiſch Klee in Euphrate/

phrate/ so bald es Abend wird/ beuget sich die blum ins Wasser biß zur Mitternacht/ dan gehet sie wieder herfür.

25.

Capillus veneris, Frauenhaar/ wird vom Wasser nicht naß/sondern bleibet allezeit drucken.

26.

Diese schwimmen auff dem Wasser/als Meerlinsen ohne wurtzel.
Malabathrum. Item/
Nardi Indici folium.

27.

Fœnugræcum/ Bockshorn/ hat allein einen geruch/wan sie gedrucknet.

28.

Herba Rusci & Capri folii, haben ihre blumen mitten auff den Blättern.

29.

Valerianæ radix, Baldrian wurtzel. Item/ Morsus diaboli, Teuffels abbis/ die sind undenals abgeschnitten oder abgebissen.

F 30. *Herba*

Herba Trifolii odorati, Siebengezeit / bekommet den geruch alle Tage siebenmal / es sey frisch oder gedrucknet.

31.

Herba Papaveris, gehet deß Abendts mit Stichl und Blumen ins Wasser / und in Mitternacht gehet es gantz unter Wasser / und ihre Blume thut sich auf und zu.

32.

In der Blum von Bonen und Hyacinthen / lauffen viel Aederlein / als Griechische Buchstaben / unter welchen zu erkennen sind V. A. I.

33.

Herba Barbæ jovis, Bocksbarth / blühet deß Morgens / und schliesset seine Blum deß Mittags umb 12. oder 1. Uhr.

34.

Herba Alceæ vesicariæ, Hanefus pappel mit blasen / blühet nur eine stunde

35. Lych-

35.

Lychnis Christi, Christaugen/ riechen erst gegen Abende.

36.

Bulbi esculenti, Eßbar Klyster. Hat zweyerley Wurtzel/ die eine isset man/ und die andere nicht/ und wan in den letzten die underste Wurtzel verdrucknet und verfaulet/ so wird das obertheil grösser/ und guth zu essen.

37.

Herba Cynoglossi, Hundszung / bekommet im dritten Jahr erst Blumen.

38.

Verbascum, blühet erst das ander Jahr.

39.

Iris lusitanica biflora, zweymahl blühende Schwertel/ blühet zweymahl.

40.

Lupinus sativus, Feigbohnen / blühen in ein Jahr dreymahl.

 41. Ireos

41.

Ireos. Schwertel/ hat zweyerley Wurtzel/ die eine stehet aufwerts / und die ander unter sich/ die oberste ziehet Dornen auß.

42.

Nachfolgende Kräuter geben alle eine rohte Farbe von sich/ ein theil in Sterckwasser/ andere mit Alaunwasser/ andere mit Weinstein/ auch mit Oehl und dergleichen mehr.

Herba Acetosellæ,	Hertzkleh.
Acetosæ minimæ rubræ,	wildt roht Saurampfer.
Anchusæ quatuor,	Viererley arth anchusæ.
Alcannæ rad.	groß roht Ochsenzung
Alypi,	Alypenkraut.
Amaranti,	Sammetblum.
tricoloris,	dreyfarbig Sammetblum.
Aparinæ rad.	Klebkraut wurtzel.
Ascyri,	Hertzhau.
Atriplicis,	Milten.

Herba

Herba Auriculæ muris alteræ.	Ander Maußohr.
Betæ rubræ rad.	Rohte Rüben.
Betonicæ rad.	Betonien wurtzel.
Baccar. Ebuli,	Attichbeer.
Bliti rubri,	Papegeyenkraut.
Brassicæ rubræ,	Rothe Kohl.
Centaurii major.	Groß tausendt gülldenkraut.
Chrysogoni rad.	Heilwurtz.
Cichorii minor rad.	klein Wegwartenwurtzel.
Fuci Marini,	See Ochsenzung.
Gnicii ranunculus.	
Hypericonis flos.	Johannisfraut blum.
Iridis sylvest. rad.	wild Schwertel.
Lappati sanguin.	Blut grindtwurtzel.
Lithospermi rad.	Meer hirschen.
Lonchitis,	Eine gestalt von Lisch.
Lycopsis rad.	gemeine Ochsenzung.
Lychnis coronariæ flos.	Kronen Christaugen.
Malvæ hortensis,	Garten Pappel.
Onocheli rad.	Ander Stalkrautwurtzel.
Osyris rad.	Besenkraut wurtzel.
Papaveris errat flos.	Klapperrosen.

Herba Parietariæ rad.	Tag und Nachtwurtz.
Pancratii rad.	
Pœoniæ flos.	Peonienblum.
Prati reginæ,	Wiesen Königin.
Quinque folii,	Fünff fingerkraut.
Rosarum flos,	Rosenbläter.
Rubiæ tinctorum,	Ferber röhte.
Sanguinariæ,	Blutskraut.
Sangui sorbæ rad.	Bluts dröpffelkraut.
Sanguis viri,	Mansbluth.
Sanguis Draconis,	Drachenbluth.
Somniferi solani rad.	Schlafskrautwurtzel.
Symphyti petræi rad.	Steinschmeer wurtz.
Truncus floris solis,	Stam̃ der Sonnenblum.
Tormentillæ rad.	Tormentilwurtzel.
Volubilis acutæ rad.	Scharff windenwurtzel.
Xanthii,	Betlersläuse.

43. Fol-

43.

Vorgemelte Kräuter / geben durch zuthun der nachfolgenden / eine gelbe Farbe von sich.

Herba Acarnæ,	Wilde Eberwurtzel.
Adianti aurei,	gülden Wiedertodt.
Argemonæ flos,	wilder Macn.
Cartami flos,	wildt Saffranblum.
Calendulæ flos,	Ringelblum.
Cæparum cort.	Zwiebelschalen.
Chelidonii maj.	Schölkraut.
Cheiri flos,	gelbe Viol.
Croci flos,	Saffran.
Curcumæ rad.	gelb Jngber.
Glauci,	Oehlmagen.
Lappæ inversæ sem.	verkehrte Clisse.
Lappati acuti,	Grindtwurtz.
Luti,	Waidt.
Papaveris cornut.	gehörnter Magsamen
Phu rad. fibræ,	Eine gestalt von Baldrian.
Rhabarbari rad.	Rhabarber.
Verbasci flos,	Wülkraut blum.

44.

Folgende Kräuter geben durch zuthun besonderer Dinge / eine blaue Farbe von sich.

Flos Aquilegiæ,	Agleyblum.
Borraginis,	Borragen blum.
Buglossæ,	Ochsenzungen blum.
Calatianæ seu Calthæ	Goldtblumen.
Cichorii cærul.	Blau Wegwarthen.
Consolidæ regalis,	Rittersporn.
Convolvuli cærul.	Blau winden.
Cyani,	Kornblumen.
Anglici,	Englisch Kornblum.
Herba Glasti sylv.	wilde Weydt.
Flos Iridis cærul.	blaue Schwertel.
Herba Isatis,	Weyd.
Flos Napelli,	Eysenhütel blum.
Violarum.	blaue Viol.

45. Nach-

45.

Nachfolgende Kräuter geben durch zuthun besonderer Dinge / eine schwartze Farbe von sich.

Alni cortex,	Erlen rinden.
Folia Cypressi,	Cypressenblätter.
Gallarum Nuc.	Gallöpffel.
Hederæ Corymbi,	Epheybeer.
Marrhubii palust.	Wasser Andorn.
Mori,	Maulbeer blätter.
Myrti.	Heidelbeer blätter.
Palmæ cort.	Palmbaums schalen.
Rhois,	Roiskraut.
Rubi,	Brombeerblätter.
Sorii,	Sorien kraut.

46.

Diese haben eine Grüne in sich.

Herba Basiliconis,	Basilien.
Rutæ,	Rauten.
Tritici virid.	Weitzen graß.

47.

Semen Daphnoidis, gibt im kochen eine sonderliche Farbe.

48.

Nachfolgende leuchten in der Nacht/ Als

Faul Weydenholtz.

Herba Lunariæ græc.	Griechisch Monkraut.
Lunariæ Ital.	Italianisch Monkr.
Politrichi aurei,	gülden Wiedertodt.
Stellariæ,	Sternkraut.

49.

Diese nachfolgende Kräuter geben alle eine weisse Milch von sich.

℞. *Herba* Bardanæ Hispanic.	Spannische Ackerklett.
Brassicæ leporin.	Hasenkohl.
Cardui lactei,	Milchdistel.
Caprificus,	wilde Feigen.
Cataputiæ,	Springkörner.
Cyclaminis rad.	Schweinbrodt.

Herba

Herba Chondrillæ flor. alb.	Condril mit weisse blumen.
Esulæ major.	groß Wolffsmilch.
Esulæ rotundæ.	Teuffelsmilch.
Lactucæ,	Lattich.
Libuiritiæ,	Süß holtz.
Moli,	Moli.
Narcissi,	Narcissen.
Papaveris,	Magsamen.
Peplii,	liegend Teuffelsmilch
Scammoneæ,	Scammonien.
Smyrnii Amani montis,	Olsenich.
Scorzoneræ,	Schlangenmordt.
Spinæ purgatoriæ,	Purgierstachel.
Tithymali,	Wolfsmilch.
Tragopogonis,	Bocksbarth.
Volubilis maj.	Groß winde.

50.

Folgende drehen sich mit der Sonnen herumb.

Flos Anemones.	Anemon rosen.
Calendulæ,	Ringelblum.
Chelidonii minor.	klein Schorbocksfr.

Cicho-

Cichorii,	Sonnenwend.
Heliotropii,	Krebskraut.
Lupini,	Feigbonen.
Loti,	Wiesenkleh.
Malvæ,	Hasenpappel.
Nymphex,	Seeblumen.
Ranunculi,	Hanefus.
Solis flos.	Sonnenblum.

51.

Diese nachfolgende haben schwartze Blumen.

Flos Circex,	Circeen blumen.
Diptamni,	Diptam.
Lonchitis nigr.	schwartze Lisch.
Flos Leontopodii,	Löwenfus blum.
Solani spec.	Nachtschat.

Ob gleich jetzt erzehlte Gewächse sich erzeigen / als hetten sie etwas wieder daß Natürliche mit einander / so haben sie doch nichts mehr nötig / als nach ihrer eigenen arth / ihr eygen werck / und sind auch nicht weniger nutzbarlich dan andere. Wil also durch dieses letzte Capitel den theil von der SIGNATURA HERBARUM beschliessen; Einem jeden Liebhaber stehet die verbesserung und vermehrung frey / Dan in der Kräuterkunst ist noch sehr wenig von rechter undersuchung ihrer verborgenen Kräften biß anjetzo gehandelt / weilen die Meinungen und gründtliche Wissenschaften deroselben noch sehr streitig sind/und solches nicht ohne schaden der Nothtürftigen.

E N D E.

www.ingramcontent.com/pod-product-compliance
Lightning Source LLC
Chambersburg PA
CBHW031442270326
41930CB00007B/831

9783744672825